AF324425

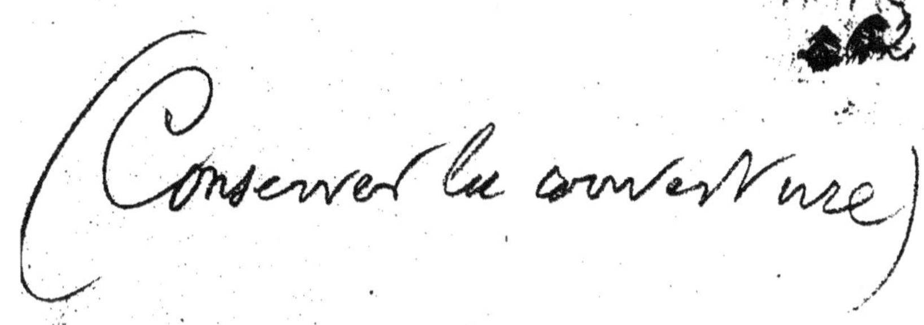

DISCOURS

POUR LE MARIAGE DE

MONSIEUR LOUIS JEANNIN

AVEC

MADEMOISELLE ADÉLAÏDE MAUDET

Prononcé dans l'église de Champniers

PAR

M. l'abbé PÉRISSAC, curé de Vars

Le 1er octobre 1889

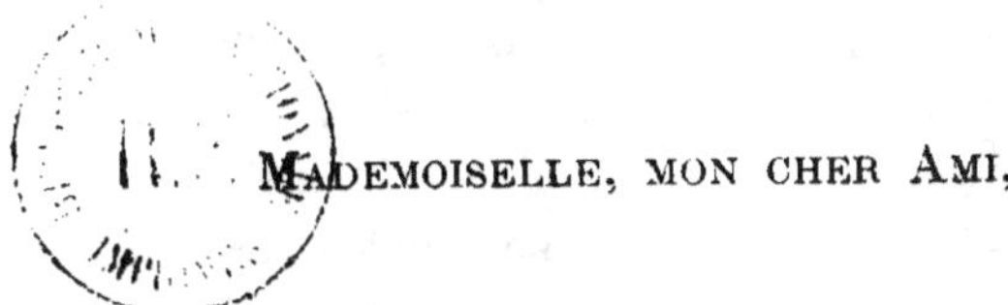

En face de vous, au pied de cet autel, pour recevoir,
conformément à vos vœux, vos serments et bénir, au
nom de Dieu, votre union, je ne me sens guère moins
ému que vous.

C'est qu'il est bien grand et solennel l'acte auquel
il est de votre volonté que je coopère.

Il s'agit de fixer irrévocablement vos deux destinées, de lier pour jamais l'une à l'autre vos deux
existences que je voudrais parfaites et heureuses, —
voilà pour justifier l'émotion de l'homme ; il s'agit de
la réception par vous, grâce à mon concours néces-
saire, d'un sacrement qui confère aux époux une
dignité auguste, les fait « les coadjuteurs de Dieu »
dans son œuvre de conservation et de propagation de
notre espèce, imprime à leur union un sceau céleste
et infrangible, — c'est assez pour expliquer le religieux saisissement du prêtre.

Il y a loin, en effet, de nos convictions catholiques
à celles du vieux monde païen — et certain effort
satanique de l'heure présente ne nous y ramènera
pas — qui n'admettaient le mariage que comme un

simple contrat que l'on peut faire ou défaire à volonté.

Pour nous, fils de l'Evangile, le mariage est bien toujours un contrat, mais un contrat élevé à la dignité suréminente de sacrement ; c'est bien une institution HUMAINE dans son objet, mais toute divine dans son origine et dans son but ; qui a, non plus l'homme lui-même pour auteur, mais Dieu seul, notre Roi et notre Père ; qui a Jésus-Christ, Fils de Dieu fait homme, pour consécrateur et sanctificateur, et l'union de Jésus-Christ avec l'Église pour modèle et pour symbole. « Épouses, soyez unies à vos époux « comme l'Église l'est à Jésus-Christ ; époux, aimez « vos épouses comme Jésus-Christ a aimé l'Église, « allant jusqu'à livrer son corps sur la croix pour « elle » (1). Ainsi parle l'apôtre saint Paul.

Le mariage est un engagement, oui, mais sans similaire parmi ceux des hommes, tout de religion et de sainteté et d'où découle l'union des âmes dans la communauté d'une même vie, et l'union des familles dans la communauté des mêmes intérêts.

Je dis *l'union des âmes* d'abord, car l'âme est la part principale de l'homme dont il faut tenir compte avant tout et qui entraîne après elle, comme l'accessoire, l'élément sensible. Le monde étranger à l'Évangile, ou son transfuge, ne le voudrait pas ainsi. Il ne verrait dans le mariage que l'alliance des sens et des fortunes. Vive Dieu ! nobles époux, vous n'êtes pas de ce monde-là. Vos conceptions comme vos sentiments n'ont pas un horizon aussi bas ni aussi vulgaire.

(1) Ephes. v, 25.

Vous voulez sans doute dans le mariage, avec son but sublime qui est de peupler la patrie du ciel, après la patrie de la terre, ce que le Créateur y a déposé, en loi générale, comme l'ordre, le repos et la sécurité de la nature ; c'est légitime et chrétien.

Vous n'y négligez pas l'élément de la fortune. Elle a sa légitimité, sa sainteté aussi, car elle vient de Dieu. Ce n'est pas son usage qui est mauvais, c'est son abus :

> La fortune a son prix ; l'imprudent en abuse,
> L'hypocrite en médit et l'honnête homme en use (1).

Le poète aurait pu, sans blesser plus la foi que le rythme de sa langue, substituer à l'HONNÊTE HOMME le chrétien. Et quant à l'objection qui veut que « la richesse soit un vin qui enivre », l'on riposte aussi aisément que pratiquement en versant dans ce vin l'eau pure et souveraine de la bienfaisance.

La fortune, d'ailleurs, s'obtient, se maintient et se développe par le travail. Or, je ne connais rien d'aussi saint, après la vertu, que le travail. La Providence lui a confié, dans l'ordre moral, le rôle qu'elle a donné au vent du nord, dans l'ordre physique : il purifie les miasmes de notre cœur, comme le vent du nord purifie les miasmes de l'atmosphère.

Vous ne dédaignez donc pas les biens sensibles du mariage, jeunes époux, mais vous ne voyez pas là tout ce qu'il est ; son essence, à vos yeux, c'est l'union des âmes, la communauté des cœurs.

Vous vous promettez, par suite, de mettre en

(1) Delille.

commun tous vos sentiments, toutes vos affections, toutes vos joies et..... toutes vos peines. — J'ai hésité à prononcer ce dernier mot en ce jour et à cette heure, mais il l'a bien fallu pour être exact ; car la vie, cette menteuse, a de la perfidie du grec antique et elle se fait peu de scrupules de manquer à ses plus belles promesses.

Vous réaliserez l'idéal d'unité sympathique qui, victorieux du nombre sans le détruire, consiste à ne faire de plusieurs personnalités « qu'un cœur et qu'une âme » ; vous porterez, l'un l'autre, le poids réciproque de deux vies.

Vous, mon vaillant ami, que je connais tout particulièrement, que je sais si brave, si loyal, si sincère, si droit, vous aimerez vraiment et constamment votre épouse ; vous l'aimerez de cet amour fort et délicat dont Jésus-Christ, au témoignage de l'Apôtre, aime son Église.

En l'aimant du reste, remarquez-le, c'est vous-même que vous aimerez, car elle sera la moitié de votre âme. Elle vous donne aujourd'hui sa main, mais dans la tradition de sa main, vous le sentez, il y a la tradition de son cœur. Elle détend, sans les briser, les doux liens qui l'unissent à ses parents ; elle laisse leur nom pour prendre le vôtre ; c'est bien vous dire, à vous qui savez tant déjà qu'elle vous a préféré à tout, après Dieu, qu'il n'y a plus rien d'elle qui ne soit à Dieu et à vous.

Vous commanderez au foyer domestique, puisque ce sera votre droit ; elle obéira, puisque ce sera son devoir. Mais, d'une part, l'autorité sera douce, et l'obéissance facile, d'autre part ; car toutes deux, obéissance et autorité, seront faites d'amour ; et l'on

ne commande plus quand on est esclave de son cœur,
et l'on n'obéit plus quand on ne relève que de ce que
l'on veut et de ce que l'on désire.

J'aperçois, au surplus, dans votre union un élément
destiné à la cimenter d'une façon incomparable, je
veux parler de la communauté des sentiments religieux, de la sympathie des croyances. Au spectacle
d'une alliance conclue sous de tels auspices, la plume
de Tertullien, habituellement si austère, s'émeut et
s'attendrit, et elle nous a laissé cette peinture pleine
de suavité.

« Les voyez-vous, dit le prêtre de Carthage, ces
deux époux chrétiens que la foi unit, dans une même
espérance et un même amour, au service du même
Dieu ?... Oh ! comme ils sont dignes de notre admi-
ration, et qu'il y a peu à craindre la désunion entre
eux !... Ensemble ils prient, ensemble ils adorent,
ensemble ils s'instruisent, s'exhortent et se soutien-
nent. Vous les rencontrez de compagnie à l'Eglise, de
compagnie au Banquet divin, et chez eux, c'est la plus
noble émulation pour accomplir le bien sous toutes ses
formes. Ce n'est pas assez dire que les liens d'une
telle union sont d'or, ils sont de diamant. »

Je viens de faire le tableau anticipé, chers époux,
j'en ai le ferme espoir, de votre vie commune.

Vous apporterez, Mademoiselle, votre large part
dans cette association de foi et de vertu.

L'éclatant témoignage que rend à votre piété, à
votre modestie, à votre fidélité à remplir vos devoirs
religieux, à fréquenter les sacrements, à tenir constamment votre place dans les assemblées saintes, le

digne et zélé Pasteur de cette paroisse (1) qui, avec une abnégation dont je sens tout le prix, m'a délégué ses droits dans cette cérémonie ; — les principes aussi solides qu'élevés que vous avez puisés sous le toit paternel et qui vous ont été confirmés dans l'une de nos meilleures maisons d'éducation chrétienne (2), en ce pays, me sont un sûr garant de ce que vous ferez dans l'avenir.

Mais vous aussi, doux ami, vous fournirez votre appoint dans l'ordre d'idées que je signale. La religion n'est pas une étrangère pour vous : vous en avez trouvé, à l'instar de celle qui devient votre compagne, les principes sacrés, comme premier patrimoine, dans votre berceau.

Un père et une mère, les modèles par la tendresse des pères et des mères ; une pieuse tante, que dis-je ? deux pieuses tantes (3), qui semblent chacune la piété céleste elle-même en mission sur notre terre et à qui les bouches les plus autorisées rendent hommage, vous en ont fait sentir tout d'abord les salutaires influences ; l'aumônier distingué de votre collège (4), que vous avez voulu associer à votre joie

(1) M. l'abbé Angély, curé de Champniers.

(2) Pensionnat des Dames de Chavagnes, à Angoulême.

(3) Madame veuve Bordier, née de Sainthorand, qui, après avoir élevé la mère du futur, orpheline dès l'enfance, a enveloppé le futur lui-même d'une tendresse toute maternelle jusqu'à ce jour.

Et Mademoiselle de Sainthorand, *la sainte* de notre ville d'Angoulême, dont Mgr Sebaux, saint lui-même, a dit plus d'une fois devant nous : « Le sentiment que m'inspire Mademoiselle de Sainthorand est plus que du respect et de l'estime, c'est de la vénération. »

(4) M. l'abbé Augeraud, aumônier du Lycée d'Angoulême.

en ce jour, a mis, avec l'autorité qui le caractérise, le sceau à la tâche familiale. En faut-il davantage pour conclure que votre vie, ainsi prémunie à son début, se montrera digne d'elle-même et ne se démentira pas ?

Doué des plus précieuses qualités naturelles, vous ne rejetterez pas l'arôme surnaturel de la foi qui parfume ces fleurs de l'existence, les embellit et les conserve. Et vous qui êtes convenu tant de fois et si facilement avec moi que rien dans l'homme n'est grand, si le cœur est petit, vous voudrez comprendre à merveille, pour y conformer votre pratique désormais, que rien ne dure ni ne vaut assez en amour, si l'amour n'est chrétien.

Mais j'ai vu dans le mariage plus que l'union des âmes, des cœurs, des croyances ; j'y ai vu aussi *l'union des familles*. Par le mariage, en effet, le cercle des familles s'élargit, les maisons se rapprochent, les fortunes s'enlacent et se soudent.

Voici la plupart du temps deux familles qui, hier, ne se connaissaient pas, ou à peine ; aujourd'hui, avec une émotion qui accélère les battements de leurs cœurs et fait monter à leurs yeux des larmes d'attendrissement, elles voient deux de leurs membres, un jeune homme et une jeune fille, à genoux devant l'autel de Dieu, se donner la main et se jurer une amitié éternelle. C'est fait, désormais, elles ne sont plus étrangères l'une à l'autre, et, confondant leurs existences, elles confondent leurs intérêts, leurs projets et leurs espérances.

Or, quand ces deux familles sont absolument honorables, estimées de tous, oh ! le mariage, alors, est un événement heureux. Tel est bien celui que je bénis.

Quoique riche des biens matériels, elle a pourtant encore l'honneur et l'estime universelle pour principale fortune, mon cher ami, la famille dans laquelle vous avez choisi votre épouse. Sa dignité. c'est sa noblesse. A cette heure où il peut y avoir quelque péril à déployer son drapeau, elle tient haut et ferme celui de toutes les causes, non pas les plus populaires, mais qu'elle croit les plus justes et les meilleures au bien public, et le suffrage des masses, qui a trop souvent de lamentables erreurs, vaincu par tant de loyalisme et de bravoure, à Vars comme à Champniers, n'hésite pas à lui mettre en main la direction des destinées communales (1).

Elle est honorable et universellement honorée aussi, Mademoiselle, la famille dans laquelle vous allez entrer, et à cet égard vous ne pouviez porter vos vues plus haut. Outre l'égale sanction du suffrage populaire (2), ses mérites ont la consécration de l'histoire. D'un côté, nous la voyons assister de ses conseils notre grand, notre bon, notre magnanime Henri IV pour la pacification et le parfait gouvernement de ce pays (3) ; de l'autre elle conquiert ses titres de

(1) **M.** Jules Maudet, père de la future, est Adjoint au Maire de Champniers, et **M.** Eugène Maudet, son frère, conseiller municipal de Vars.

(2) **M.** Jeannin, père du futur, toujours des premiers élus au conseil municipal, est également Adjoint au Maire de Vars·

3) La famille Jeannin doit son illustration à Messire Pierre Jeannin, l'un de ses ascendants, président au Parlement de Paris, Ambassadeur et Ministre d'Etat sous plusieurs de nos rois, mais principalement sous Henri IV (1540-1620). Ce dernier monarque, — non seulement, comme

noblesse dans cette nuit légendaire des siècles de foi où on ne les conquérait, l'épée à la main, que contre les ennemis de Dieu et de la patrie (1).

Chez elle, les sentiments et les cœurs ne dégénèrent pas. Vous y trouverez Mademoiselle, l'exemple des plus belles vertus dont vous ferez votre profit, et vous y subirez le charme, déjà soupçonné par vous, d'immenses et rares affections qui ne demandent qu'à vous combler.

Mais je m'oublie, chers époux. Quelque traditionnelle et légitime que soit ma tache, je ne songe pas

prince, l'orgueil de la France, mais l'honneur de l'humanité, — avait mis dans les lumières et les vertus du Président Jeannin une confiance qu'il n'accordait même pas au génie et au dévouement de Sully. Un jour un important secret d'Etat ayant transpiré : « Messieurs, dit le royal Béarnais, en désignant Jeannin aux membres de son conseil, je réponds pour le bonhomme, cherchez parmi vous autres quel est le coupable. »

Une autre fois à l'approche de son ministre, prenant la main de la Reine, il s'avance vers lui et dit à Marie de Médicis : « Madame, vous voyez le plus homme de bien de « mon royaume... S'il arrive que Dieu dispose de moi, reposez· « vous sur sa fidélité et la passion que je sais qu'il a pour le « bien de mes peuples. »

(1) Madame Jeannin, née de Sainthorand, appartient à l'une des familles les plus distinguées de notre vieille noblesse française. Les de Sainthorand, originaires de la province d'Armagnac, se répandirent, à partir des xive et xve siècles, en modifiant quelque peu l'orthographe de leur nom, en Berry, Limousin et Saintonge.

Leurs armes portent : *D'azur, à une tour crénelée d'argent, maçonnée de sable, senestrée d'une croix de Malte aussi d'argent.*

(Généalogie de cette Maison dans le *Livre d'or de la Noblesse*, par le Marquis de Magny. T. IV, p. 443, Paris 856.)

que je suis moins ici encore pour adresser des éloges
et énumérer des espérances que pour recueillir des
serments et donner des bénédictions. Je clos donc ce
trop long discours, et je prête l'oreille à la parole
sacramentelle que vous allez prononcer et qui va vous
lier à jamais.

Après quoi, je prierai, cette sympathique et chrétienne assemblée priera, sans parler de plus d'un
cœur pieux et même sacerdotal (1) qui de loin en ce
moment s'unit à nous, afin que Dieu, qui seul peut
faire des événements de nos souhaits, ratifie tous nos
désirs de bonheur pour vous et, en attendant le don
de son éternité, remplisse votre ciel domestique de
joies, comme là-haut, du fait de sa magnificence, son
grand et beau ciel est plein d'étoiles. Ainsi soit-il.

(1) M. l'abbé Denizot, vénérable ecclésiastique, curé-doyen
de Montmarault (Allier) et parent du futur, se trouvait naturel-
lement désigné pour bénir le mariage ; mais la distance et les
empêchements d'un ministère important ne lui ont pas permis
de se rendre à cette cérémonie.

Angoulême. — Imp. Roussaud.